ОКОШКО

КЛУБОК

РЫ

МЕДВЕДЬ

БУСИНКИ

ОНИ

ПЛЮХ!

ПРОРУБЬ

ДЕТИ

КОШКА

ШАПКА

ЛЁД

МЯЧ

ЁЖ

ВОДА

ПИ-ПИ-ПИ

ЦАП!

Прочитаешь историю — поставь галочку:

- **Котик**
- **Норка**
- **Сорока**
- **Медведь**
- **Ёж и кошка**

Молодец, переходи к книжке «Короткие тексты»!

СКОРОШКОЛА
СОВРЕМЕННАЯ МЕТОДИКА
для ПОДГОТОВКИ К ШКОЛЕ

ИСТОРИИ
ДЛЯ ПЕРВОГО
ЧТЕНИЯ

Я ЧИТАЮ САМ

МОСКВА
РОСМЭН
2024

КОТИК

Мотя сидел на полу и ловил мух.

На стуле лежала кепка.

— Ж-ж-ж!

Села муха на кепку.

— Мур-мяу!

Котик прыгнул на стул.

Ой! Упала кепка. Накрыла Мотю.

— Где же котик? Нет Моти.

— Кис-кис-кис!

Видны только хвост да лапки.

Вот какой котик шалун!

НОРКА

Вот норка. Там мышка.

У норки котик Мотя. Притаился.

Стоит у норки и ждёт.

— Мурр!

Хочет поймать мышку котик.

— Пи-пи-пи!

Вот бежит мышка.

Поймал Мотя мышку.

Ой!

Ох! Что же будет?

Не ест мышку, играет лапкой.

Убежала мышка в норку.

СОРОКА

Зимнее морозное утро.

Тишина на даче.

Сидит на заборе сорока.

Нарядная, в чёрной шубке, в белом фартучке.

Головой вертит, по сторонам смотрит.

Стала громко трещать сорока.

Выскочила тут Доли.

Звонко лает собака.

— Фью!

Вспорхнула сорока.

Доли за ней.

Улетела сорока.

МЕДВЕДЬ

Зима. Мороз.

Брр! Холодно.

Лёд. Что там?

Во льду прорубь, а там плавает рыба.

Кто любит рыбу?

Забрался медведь в прорубь.

Шумит мишка.

Это он так рыбу ловит.

Ох как лапами воду бьёт.

Зацепит рыбину когтями — и в рот.

Оп!

Мм! Вкусный улов.

ЁЖ И КОШКА

Пришли дети из леса.

Принесли ежа в шапке.

Красивый, глазки как чёрные бусинки.

— Иди! — Опустили его ребята на пол.

— Фыр-фыр!

Забрался ёжик в угол.

А на полу сидела кошка.

Кошка цап ежа лапкой!

Свернулся ёжик клубком.

Спрятался, только иголки торчат.

Ой! Уколола кошка лапу и убежала.

— Мяу!

Сидит на окошке, жалобно мяукает.

Дорогие родители!

Ваш ребёнок уже с лёгкостью читает как простые, так и сложные слова, состоящие из нескольких слогов. Пора приступить к чтению предложений! В этой книге вы найдёте истории с завершёнными сюжетами. Обязательно хвалите ребёнка после знакомства с каждой историей, ведь ему удалось прочитать много слов самостоятельно!

Навык чтения — это не только умение складывать буквы в слова: важно научить ребёнка читать бегло и грамотно, соблюдая интонацию и смысловые ударения.

Мы подготовили список вопросов и заданий, которые помогут ребёнку понять прочитанное. Не забывайте, что обсуждение текстов способствует развитию навыка осознанного чтения. Так он учится обращать внимание на смысл историй.

★ Не торопите ребёнка, делайте паузы, спрашивайте, показывая на картинку: «Что здесь происходит?» Прочитав историю, обсудите её и поделитесь впечатлениями.

КОТИК (С. 4)

Обсудите с ребёнком прочитанную историю. **Спросите**:

- О ком эта история?
- Как зовут котика?
- Кого он пытался поймать?
- Что произошло с Мотей?

Посчитайте, сколько мух на с. 4. Проверьте, правильно ли ребёнок произносит окончания слов: одна муха, две мухи, три мухи, четыре мухи, пять мух.

Убедитесь, что ребёнок понял значение слова «шалун». Подберите к нему синоним.

НОРКА (С. 12)

Прочитайте историю **вслух**, делая небольшую паузу перед упоминанием героев. Пусть малыш прочитает эти слова сам.

Спросите:

- Кошка за мышкой или мышка за кошкой?

Найдите в своей библиотеке книги о животных и предложите ребёнку вместе их почитать.

СОРОКА (С. 20)

Перечитайте историю вместе с ребёнком: пусть он прочитает первое предложение, вы — второе и т. д. **Спросите**:

- Как выглядела сорока?
- Что она делала, сидя на заборе?
- Что сделала сорока, услышав Доли?
- Почему сорока улетела?

Вспомните, как разные животные подают голос:

- Собака — лает.
- Сорока — …

Если ребёнок не сможет ответить на вопрос, **прочитайте** текст **ещё раз**.

Предложите ребёнку подумать и ответить на вопрос, почему сороку называют белобокой. Разберите значение этого слова.

МЕДВЕДЬ (С. 30)

Обсудите с ребёнком прочитанную историю. **Спросите**:

- О чём эта история?
- В какое время года она произошла?
- Какие слова в тексте описывают зиму?
- Как медведь ловил рыбу?

Подберите как можно больше прилагательных, описывающих зиму. **Спросите**:

- Зима в истории — какая она? (Например, холодная, снежная и т. п.)
- А какая зима там, где ты живёшь?

Убедитесь, что ребёнок понял значение слова «прорубь». **Подумайте вместе**: от какого слова оно произошло?

ЁЖ И КОШКА (С. 38)

Обсудите с ребёнком прочитанную историю. **Спросите**:

- О ком эта история?
- Как выглядел ёж?
- Что произошло с кошкой?

Вспомните:

- В чём принесли ежа?
- Куда ребята опустили ежа дома?
- Куда он потом забрался?
- Где сидела кошка в начале истории?
- А где она сидела после того, как укололась?

Обратите внимание, правильные ли предлоги использует ребёнок, отвечая на ваши вопросы: «в шапке, на пол, в угол и т. д.».

Поговорите о том, что́ помогает животным защищаться от врагов:

- Что защищает ежа от врагов?
- А как защищается кабан?
- Кто защищается с помощью рогов и копыт?
- А кого спасают быстрые лапы?

УДК 373.29
ББК 74.100
М761

Издание для развивающего обучения
Для дошкольного возраста
Серия «СКОРОШКОЛА. Первое чтение»

Молчанова Елена Георгиевна
Я ЧИТАЮ САМ. ЦЕЛЫЕ ПРЕДЛОЖЕНИЯ

Художник О. В. Смирнова

Дизайн обложки М. А. Созоновой

Руководитель направления О. А. Карякина
Ответственный редактор К. Ю. Седнева
Художественный редактор Е. А. Федулова
Технический редактор А. Т. Добрынина
Корректор И. С. Тимофеева

Подписано в печать 10.08.2024. Формат 70 × 90 1/16. Бумага офсетная.
Печать офсетная. Усл. печ. л. 3,51. Тираж 5000 экз. ID 42580. Заказ № 5254/24.

ООО «РОСМЭН».
Почтовый адрес: 125167, г. Москва, Ленинградский просп., д. 36, стр. 11.
Тел. (495) 933-71-30.
Юридический адрес: 117465, г. Москва, ул. Генерала Тюленева, д. 29, корп. 1,
1-й эт., пом. II, комн. 1, 2, 3.

0+
Знак информационной продукции согласно Федеральному закону от 29.12.2010 г. № 436-ФЗ

www.rosman.ru

ОТДЕЛ ПРОДАЖ: (495) 933-71-30.

Дата изготовления: сентябрь 2024 г. Отпечатано в России.

Дамытпалы оқытуға арналған басылым
Мектепке дейінгі жастағы балаларға арналған
Өндірілген күні: қыркүйек 2024.
Ресейде басылған.
Өндіруші: «РОСМЭН» ЖШҚ, Ресей, 117465, Мәскеу қ., Генерал Тюленев к., 29-үй, 1-корп., 1-қаб., II-жай, 1, 2, 3-бөл.
Наразылықтарды қабылдауға уәкілетті тұлға: «РОСМЭН» ЖШҚ.
Нақты мекен-жайы/пошталық мекен-жайы: Ресей, 125167, Мәскеу қ., Ленинград даңғылы, 36-үй, 11 құрылыс.
Тел. +7 (495) 933-71-30. www.rosman.ru
Тауар сертификатталған. КО ТР 007/2011 сәйкес келеді.

Отпечатано в соответствии с предоставленными
материалами в ООО «ИПК Парето-Принт», 170546,
Тверская область, Промышленная зона Боровлево-1,
комплекс №3А, www.pareto-print.ru

Молчанова, Елена Георгиевна.
М761 Я читаю сам. Целые предложения / Е. Г. Молчанова ; худож. О. Смирнова. — М. : «РОСМЭН», 2024. — 48 с. : ил. — (СКОРОШКОЛА. Первое чтение).

В этой книге собраны короткие истории для детей, которые прекрасно подойдут для первого чтения. Крупный шрифт комфортен для зрения, а милые персонажи запомнятся ребенку и не дадут ему заскучать. В конце вы найдете задания, выполнив которые ребенок научится правильно употреблять предлоги и обогатит словарный запас.

В серию «СКОРОШКОЛА. Первое чтение» входит 4 книги разного уровня сложности — от чтения слогов до небольших текстов. Книги предназначены для детей от 5 лет.

ISBN 978-5-353-11119-1

УДК 373.29
ББК 74.100

КЕПКА

МЫШКА

РЕКА

Мур-мяу!

БЕГИ!

ЦВЕТЫ

ХВОСТ

ШАЛУН

ОЙ!

ДАЧА

ЗИМА

ИГРАЕТ

СОБАКА

ФЬЮ!

ДОЛИ

МОРОЗ